AF284447

Impressum
Verlag: BABADADA GmbH, Nedderfeld 112 , 22529 Hamburg
Geschäftsführer / Verlagsleitung: Harald Hof
Druck: Books on Demand GmbH, In de Tarpen 42, 22848 Norderstedt

Imprint
Publisher: BABADADA GmbH, Nedderfeld 112 , 22529 Hamburg, Germany
Managing Director / Publishing direction: Harald Hof
Print: Books on Demand GmbH, In de Tarpen 42, 22848 Norderstedt

學校

de school

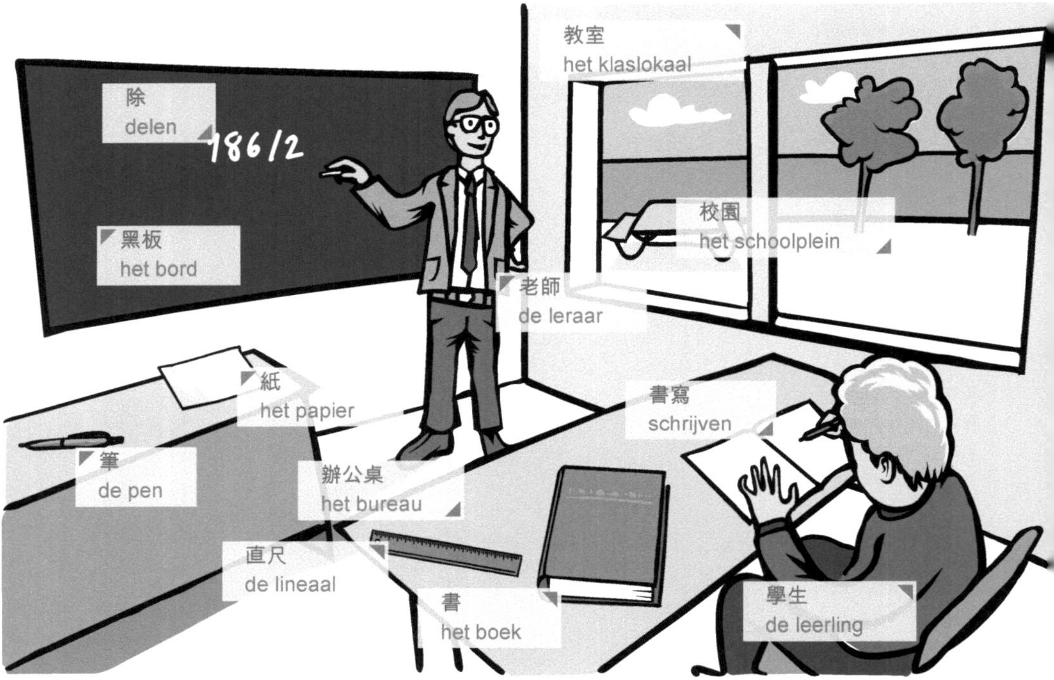

教室
het klaslokaal
除
delen
186/2
黑板
het bord
校園
het schoolplein
老師
de leraar
紙
het papier
書寫
schrijven
筆
de pen
辦公桌
het bureau
直尺
de lineaal
書
het boek
學生
de leerling

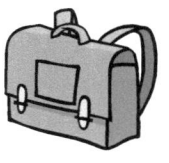

書包
de schooltas

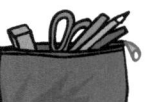

鉛筆盒
de etui

鉛筆
het potlood

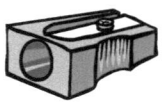

削鉛筆機
de puntenslijper

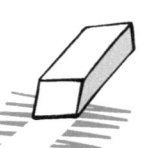

橡皮擦
de gum

畫板
het schetsblok

圖畫
de tekening

畫筆
het penseel

顏料盒
de verfdoos

剪刀
de schaar

膠水
de lijm

練習冊
het schrift

家庭作業
het huiswerk

數字
het getal

2+2

加
optellen

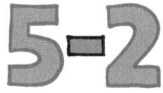

減
aftrekken

乘
vermenigvuldigen

計算
rekenen

字母
de letter

字母表
het alfabet

字
het woord

課文

de tekst

讀

lezen

粉筆

het krijt

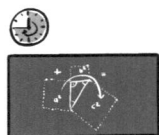

上課

de les

登記

het klassenboek

考試

het examen

證書

het diploma

校服

het schooluniform

教育

de opleiding

百科全書

de encyclopedie

大學

de universiteit

顯微鏡

de microscoop

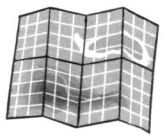

地圖

de kaart

廢紙簍

de prullenmand

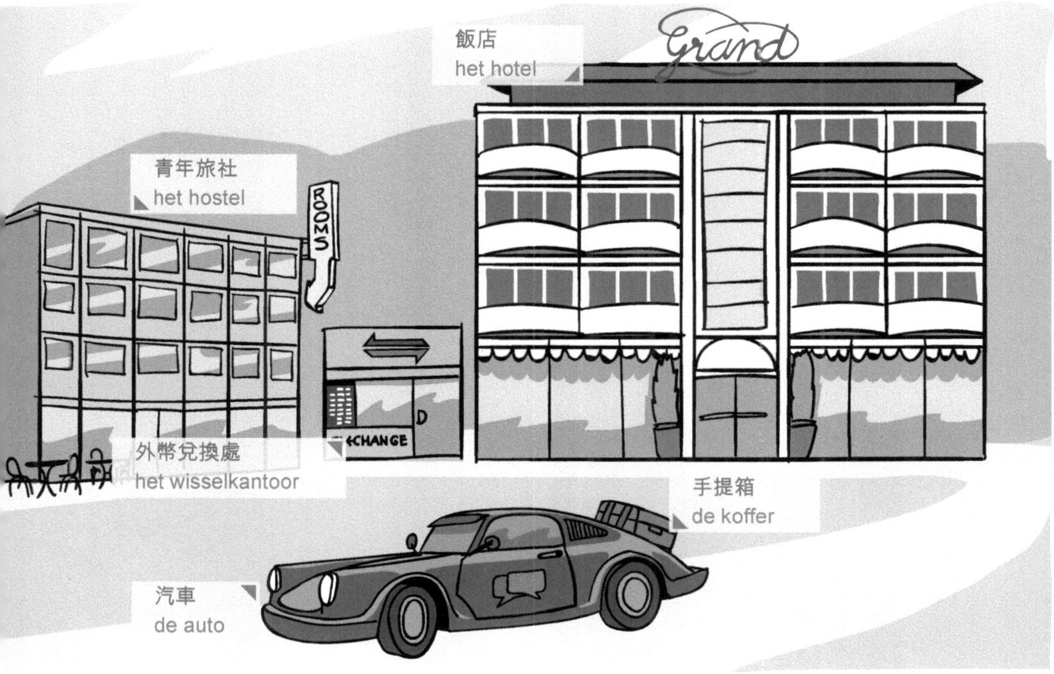
飯店
het hotel
Grand
青年旅社
het hostel
ROOMS
外幣兌換處
het wisselkantoor
EXCHANGE
手提箱
de koffer
汽車
de auto

語言

de taal

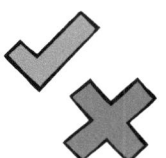

是/否

ja / nee

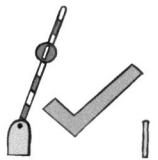

好的

oké

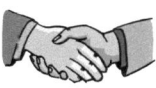

您好

Hallo!

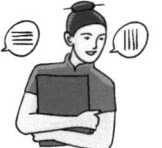

翻譯人員

de tolk

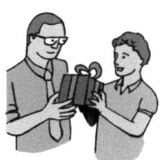

謝謝

Bedankt.

……多少錢？

Wat kost ...?

我不明白

Ik begrijp het niet.

問題

het probleem

晚上好！

Goedenavond!

早上好！

Goedemorgen!

晚安！

Goedenacht!

再見

Tot ziens!

方向

de richting

行李

de bagage

包

de tas

背包

de rugzak

客人

de gast

房間

de kamer

睡袋

de slaapzak

帳篷

de tent

旅行資訊
het VVV-kantoor

海灘
het strand

信用卡
de creditkaart

早餐
het ontbijt

午餐
de lunch

晚餐
het diner

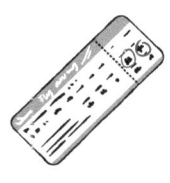

票
het kaartje

電梯
de lift

郵票
de postzegel

邊界
de grens

海關
de douane

大使館
de ambassade

簽證
het visum

護照
het paspoort

飛機
het vliegtuig

船
het schip

消防車
de brandweerwagen

公車
de bus

卡車
de vrachtauto

汽艇
de motorboot

腳踏車
de fiets

汽車
de auto

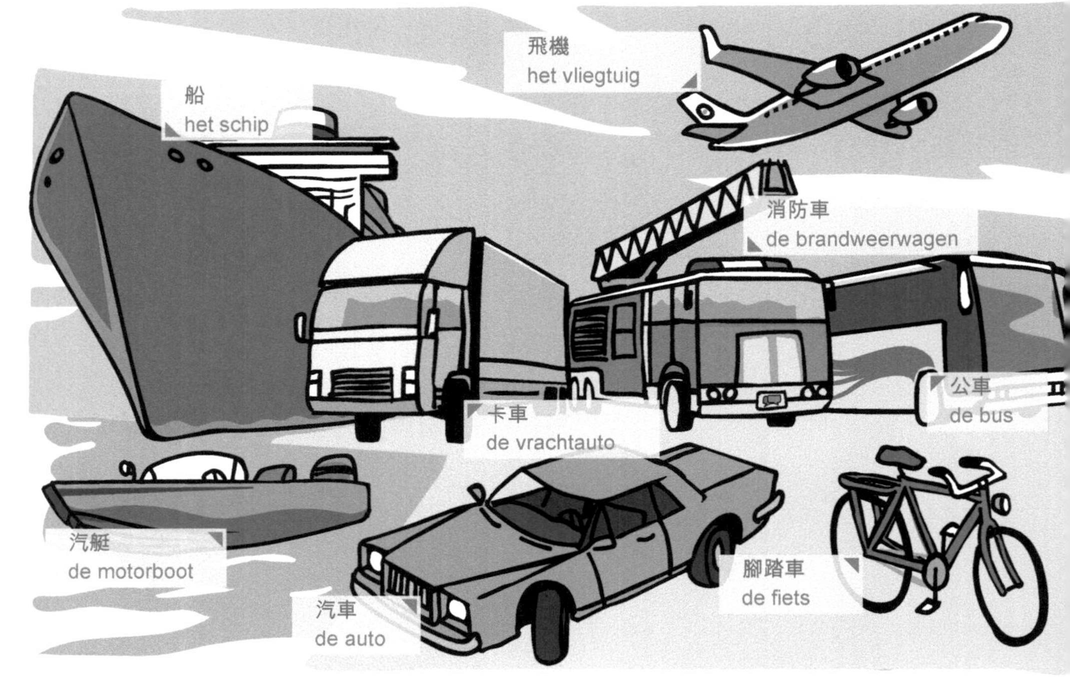

渡輪

de veerboot

小船

de boot

機車

de motorfiets

警車

de politiewagen

賽車

de raceauto

租車

de huurauto

拼車

de carsharing

拖車

de takelwagen

垃圾車

de vuilniswagen

馬達

de motor

汽油

de benzine

加油站

de benzinepomp

交通標識

het verkeersbord

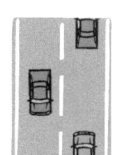

交通

het verkeer

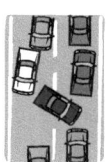

交通堵塞

de file

停車場

de parkeerplaats

火車站

het station

軌道

de rails

火車

de trein

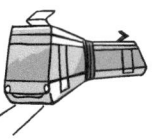

路面電車

de tram

客車廂

de wagon

直升機
de helikopter

機場
de luchthaven

塔
de toren

乘客
de passagier

集裝箱
de container

紙板箱
de verhuisdoos

手推車
de kar

籃子
de mand

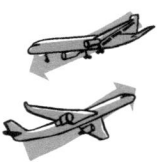

起飛/降落
opstijgen / landen

城市
de stad

村莊
het dorp

市中心
het stadscentrum

房子
het huis

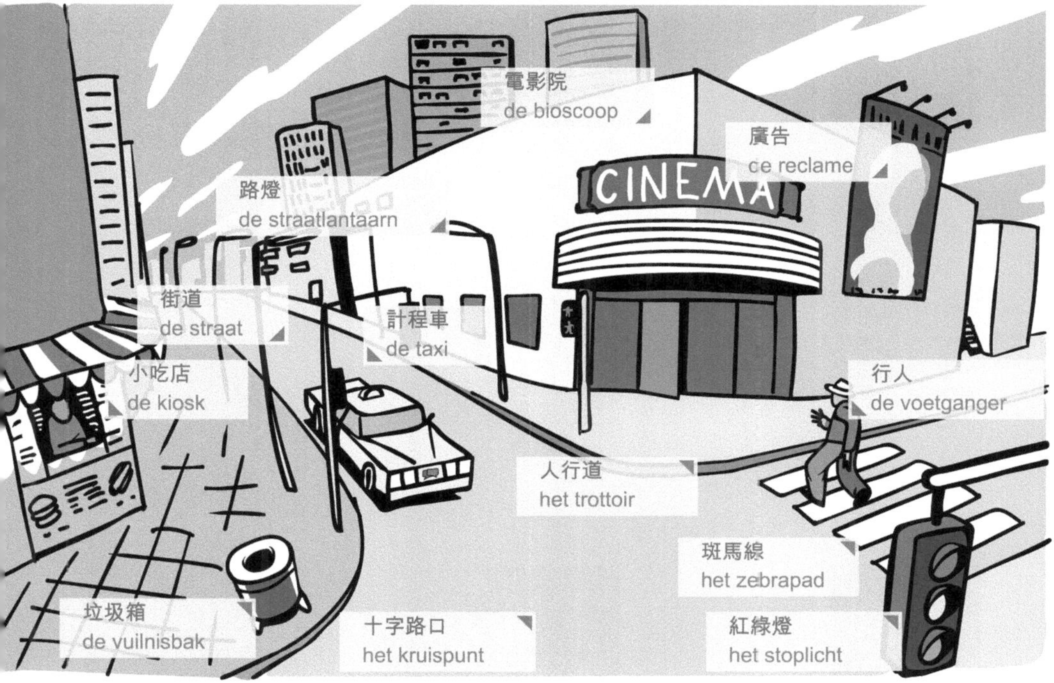

電影院
de bioscoop

廣告
ce reclame

路燈
de straatlantaarn

街道
de straat

計程車
de taxi

小吃店
de kiosk

行人
de voetganger

人行道
het trottoir

斑馬線
het zebrapad

垃圾箱
de vuilnisbak

十字路口
het kruispunt

紅綠燈
het stoplicht

CINEMA

小屋

de hut

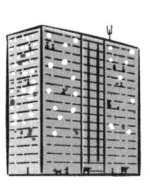

公寓

het appartement

火車站

het station

市政廳

het stadhuis

博物館

het museum

學校

de school

大學

de universiteit

銀行

de bank

醫院

het ziekenhuis

飯店

het hotel

藥房

de apotheek

辦公室

het kantoor

書店

de boekenwinkel

商店

de winkel

花店

de bloemenwinkel

超市

de supermarkt

市場

de markt

百貨商店

het warenhuis

魚店

de visboer

購物中心

het winkelcentrum

海港

de haven

公園

het park

長凳

de bank

橋

de brug

樓梯

de trap

捷運

de metro

隧道

de tunnel

公車站

de bushalte

酒吧

de bar

餐館

het restaurant

郵筒

ce brievenbus

路標

het straatnaambord

停車計時器

de parkeermeter

動物園

de dierentuin

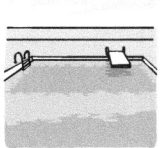

游泳池

het zwembad

清真寺

de moskee

農場

de boerderij

污染

de vervuiling

墓地

de begraafplaats

教堂

de kerk

操場

de speelplaats

寺廟

de tempel

地形

het landschap

樹葉
het blad

指示牌
de wegwijzer

路
de weg

草地
de weide

石頭
de steen

樹
de boom

徒步旅行者
de wandelaar

河
de rivier

草
het gras

花
de bloem

峽谷
de vallei

丘陵
de berg

湖
het meer

森林
het bos

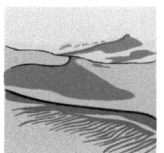

沙漠
de woestijn

火山
de vulkaan

城堡
het kasteel

彩虹
de regenboog

蘑菇
de paddenstoel

棕櫚樹
de palmboom

蚊子
de mug

蒼蠅
de vlieg

螞蟻
de mier

蜜蜂
de bij

蜘蛛
de spin

甲蟲

de kever

青蛙

de kikker

松鼠

de eekhoorn

刺蝟

de egel

野兔

de haas

貓頭鷹

de uil

鳥

de vogel

天鵝

de zwaan

野豬

het wild zwijn

鹿

het hert

麋鹿

de eland

水壩

de stuwdam

風力發電機

de windmolen

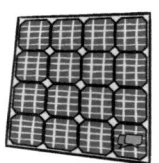

太陽能電池板

het zonnepaneel

氣候

het klimaat

餐館

het restaurant

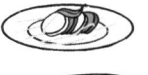

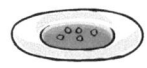

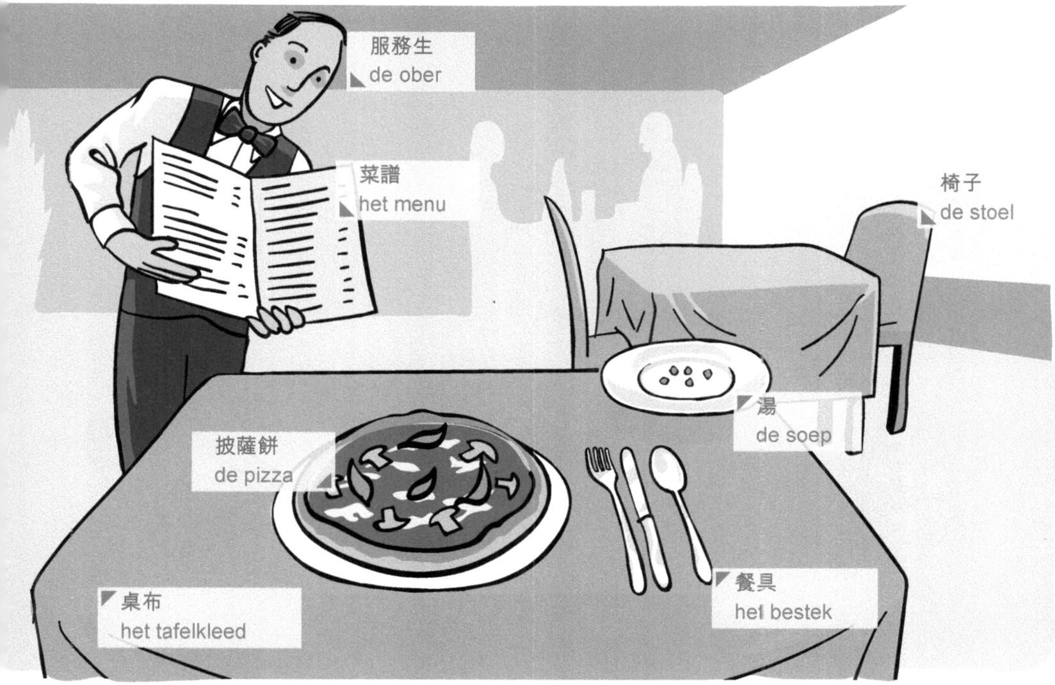

服務生
de ober
菜譜
het menu
椅子
de stoel
湯
de soep
披薩餅
de pizza
餐具
het bestek
桌布
het tafelkleed

前菜
het voorgerecht

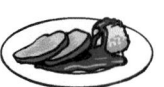

主菜
het hoofdgerecht

甜點
het toetje

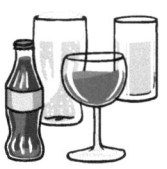

飲料
de dranken

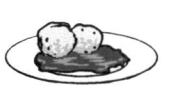

食物
het eten

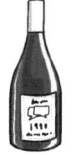

瓶子
de fles

速食

de/het fastfood

街邊小吃

het eetkraampje

茶壺

de theepot

糖盒

de suikerpot

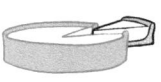

一份飯菜

de portie

義式咖啡機

de espressomachine

高腳椅

de kinderstoel

帳單

de rekening

托盤

het dienblad

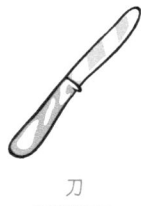

刀

het mes

餐叉

de vork

勺子

de lepel

茶匙

de theelepel

餐巾

het servet

玻璃杯

het glas

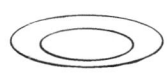

碟子

het bord

湯盤

het soepbord

碟子

de schotel

醬

de saus

鹽瓶

het zoutvaatje

胡椒研磨罐

de pepermolen

醋

de azijn

食用油

de olie

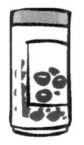

調味料

de kruiden

番茄醬

de ketchup

芥末

de mosterd

美乃滋

de mayonaise

超市

de supermarkt

特價
de aanbieding
FOR
顧客
de klant
乳製品
de zuivelproducten
水果
het fruit
購物車
de winkelwagen

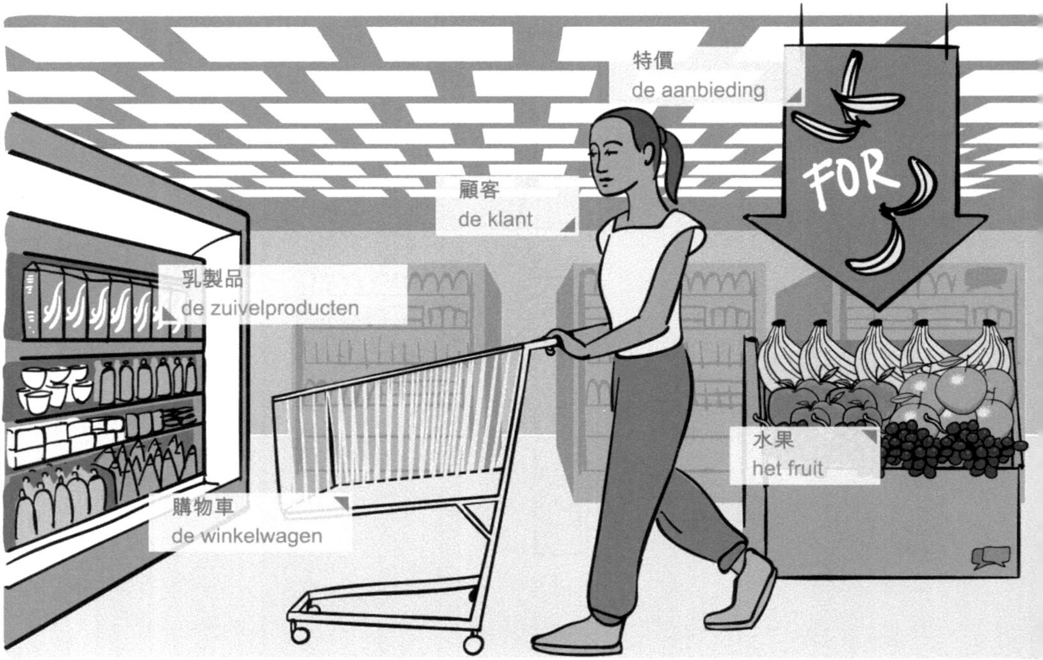

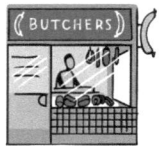

BUTCHERS

肉鋪

de slager

BAKERY

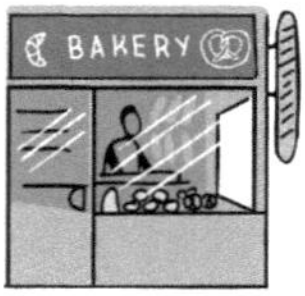

麵包店

de bakkerij

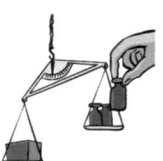

稱重

wegen

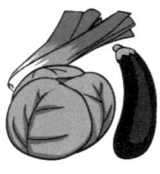

蔬菜

de groente

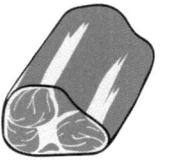

肉

het vlees

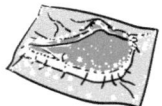

冷凍食品

de diepvriesproducten

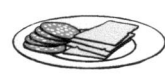

冷盤
də vleeswaren

罐頭食品
de conserven

洗衣粉
het wasmiddel

甜食
het snoepgoed

日用品
de huishoudelijke artikelen

清潔用品
het schoonmaakmiddel

銷售員
de verkoopster

收銀機
de kassa

收銀員
de kassier

購物清單
het boodschappenlijstje

開放時間
de openingstijden

錢包
de portefeuille

信用卡
de creditkaart

袋子
de tas

塑膠袋
de plastic zak

水

het water

果汁

het sap

牛奶

de melk

可樂

de cola

紅酒

de wijn

啤酒

het bier

酒

de alcohol

可可

de chocolademelk

茶

de thee

咖啡

de koffie

義式濃縮咖啡

de espresso

卡布奇諾

de cappuccino

香蕉

de banaan

蘋果

de appel

柳丁

de sinaasappel

西瓜

de watermeloen

檸檬

de citroen

胡蘿蔔

de wortel

大蒜

de knoflook

竹子

de bamboe

洋蔥

de ui

蘑菇

de paddenstoel

堅果

de noten

麵條

de pasta

義大利麵

de spaghetti

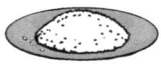

米飯

de rijst

沙拉

de salade

薯條

de friet

炸馬鈴薯

de gebakken aardappelen

披薩餅

de pizza

漢堡

de hamburger

三明治

de sandwich

炸豬排

de schnitzel

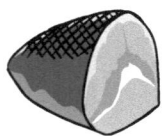

火腿

de ham

義大利臘腸

de salami

香腸

de worst

雞肉

de kip

烤肉

het gebraad

魚

de vis

燕麥片

de havermout

木斯里

de muesli

玉米片

de cornflakes

麵粉

het meel

牛角麵包

de croissant

麵包捲

de broodjes

麵包

het brood

吐司

de toast

餅乾

de koekjes

奶油

de boter

凝乳

de kwark

蛋糕

de taart

蛋

het ei

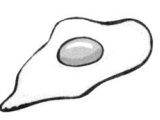

煎蛋

het gebakken ei

起司

de kaas

食物 - het eten

冰淇淋

het ijs

糖

de suiker

蜂蜜

de honing

果醬

de jam

巧克力醬

de chocoladepasta

咖哩

de kerrie

農場

de boerderij

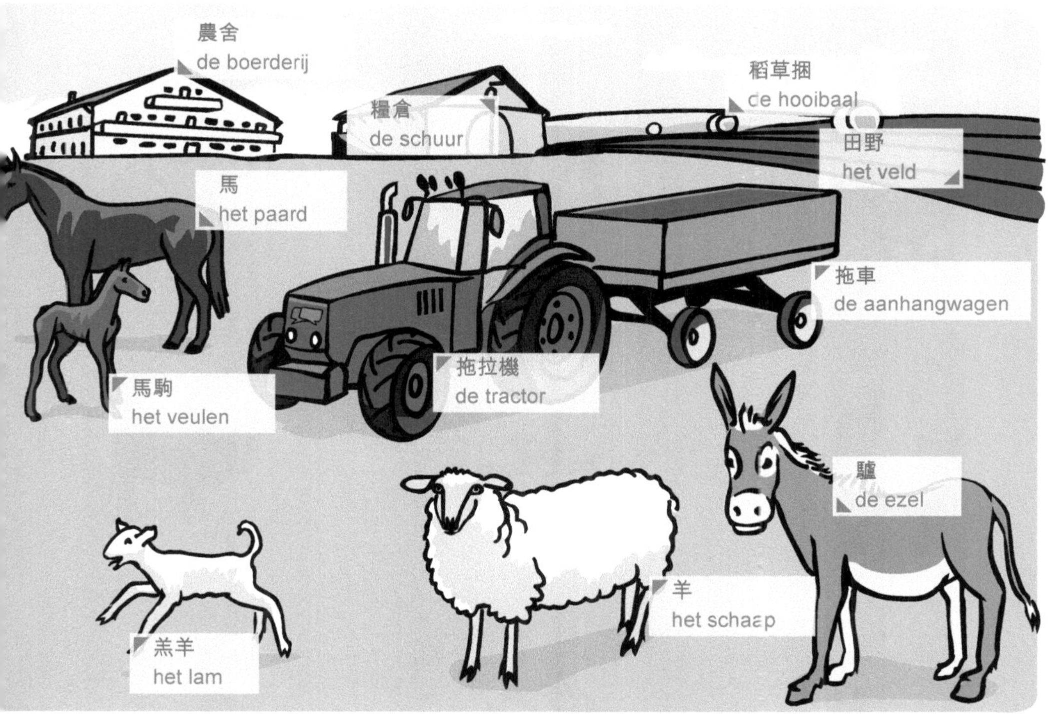

農舍
de boerderij
糧倉
de schuur
稻草捆
de hooibaal
田野
het veld
馬
het paard
拖車
de aanhangwagen
拖拉機
de tractor
馬駒
het veulen
驢
de ezel
羊
het schaap
羔羊
het lam

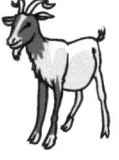

山羊

de geit

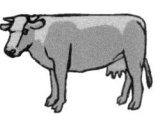

奶牛

de koe

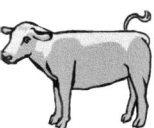

小牛

het kalf

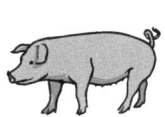

豬

het varken

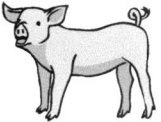

小豬

de big

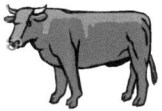

公牛

de stier

鵝

de gans

鴨

de eend

小雞

het kuiken

母雞

de kip

公雞

de haan

鼠

de rat

貓

de kat

老鼠

de muis

牛

de os

狗

de hond

狗屋

het hondenhok

花園澆水軟管

de tuinslang

澆水壺

de gieter

長柄大鐮刀

de zeis

犁

de ploeg

鐮刀

de sikkel

鋤頭

de schoffel

長柄草耙

de hooivork

斧頭

de bijl

獨輪手推車

de kruiwagen

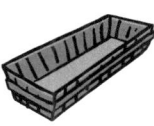

飼料槽

de trog

牛奶罐

de melkbus

麻布袋

de zak

柵欄

het hek

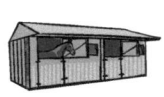

馬廄

de stal

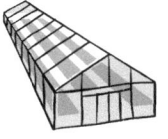

溫室

de broeikas

土壤

de grond

種子

het zaad

肥料

de mest

聯合收割機

de maaidorser

收割

oogsten

收割

de oogst

地瓜

de yam

小麥

de tarwe

大豆

de soja

土豆

de aardappel

玉米

de maïs

油菜籽

het koolzaad

果樹

de fruitboom

樹薯

de maniok

穀物

de granen

房子
het huis

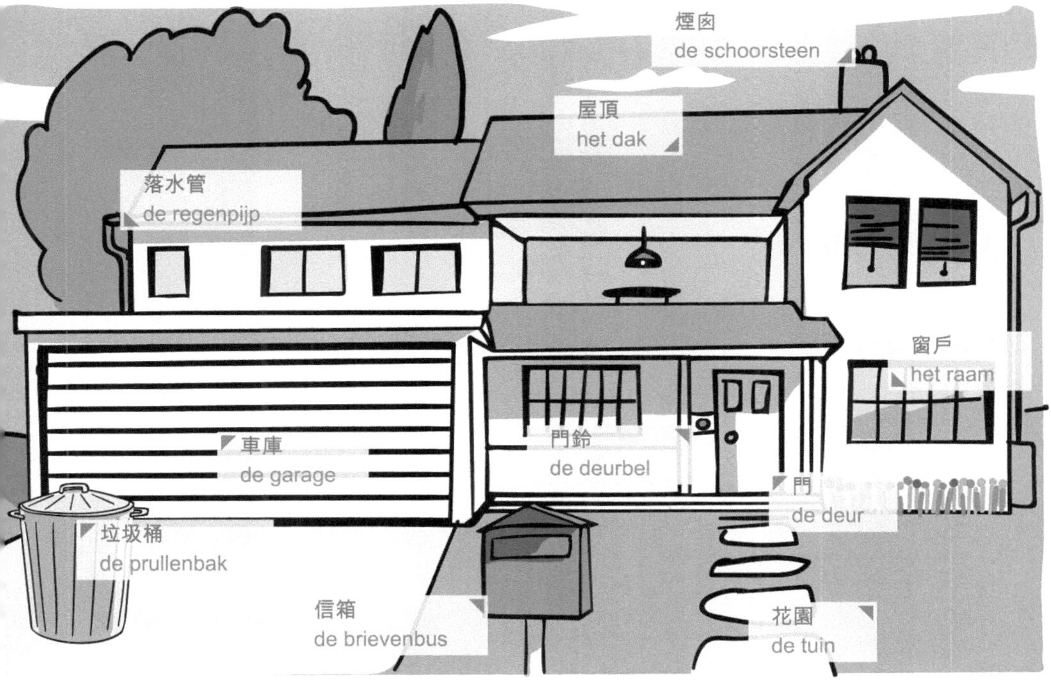

煙囪
de schoorsteen
屋頂
het dak
落水管
de regenpijp
窗戶
het raam
車庫
de garage
門鈴
de deurbel
門
de deur
垃圾桶
de prullenbak
信箱
de brievenbus
花園
de tuin

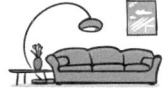

客廳

de woonkamer

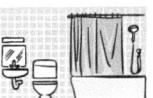

浴室

de badkamer

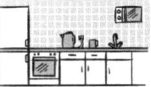

廚房

de keuken

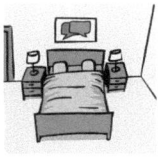

臥室

de slaapkamer

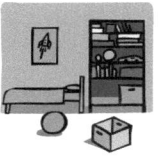

兒童房

de kinderkamer

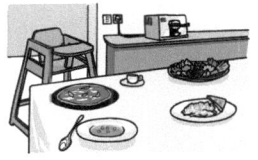

餐廳

de eetkamer

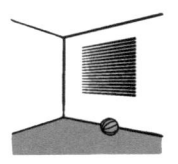

地板

de vloer

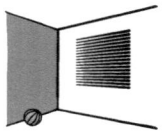

牆壁

de muur

天花板

het plafond

地窖

de kelder

三溫暖

de sauna

陽臺

het balkon

露臺

het terras

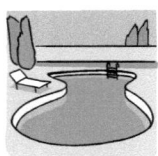

游泳池

het zwembad

割草機

de grasmaaier

被單

het laken

床罩

de bedsprei

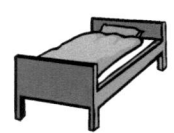

床

het bed

掃帚

de bezem

水桶

de emmer

開關

de schakelaar

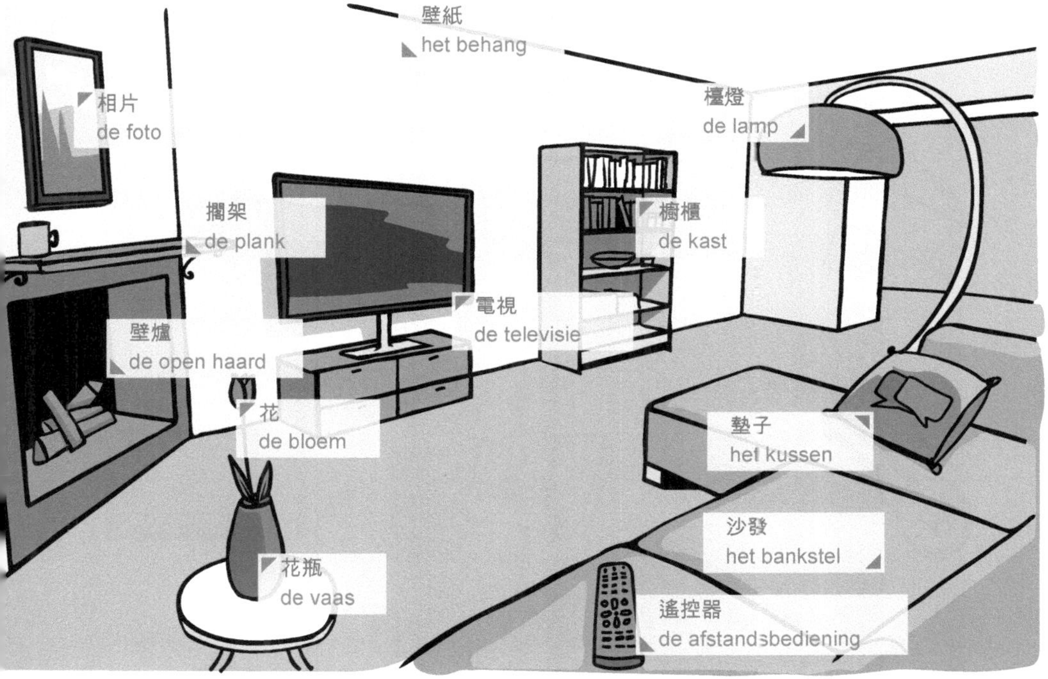

壁紙
het behang

相片
de foto

櫃燈
de lamp

擱架
de plank

櫥櫃
de kast

電視
de televisie

壁爐
de open haard

花
de bloem

墊子
het kussen

沙發
het bankstel

花瓶
de vaas

遙控器
de afstandsbediening

地毯
het tapijt

窗簾
het gordijn

餐桌
de tafel

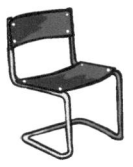

椅子
de stoel

搖椅
de schommelstoel

扶手椅
de stoel

書
het boek

毯子
de deken

裝飾品
de decoratie

木柴
het brandhout

電影
de film

高傳真音響
de stereo-installatie

鑰匙
de sleutel

報紙
de krant

油畫
het schilderij

海報
de poster

收音機
de radio

筆記本
het kladblok

吸塵器
de stofzuiger

仙人掌
de cactus

蠟燭
de kaars

廚房
de keuken

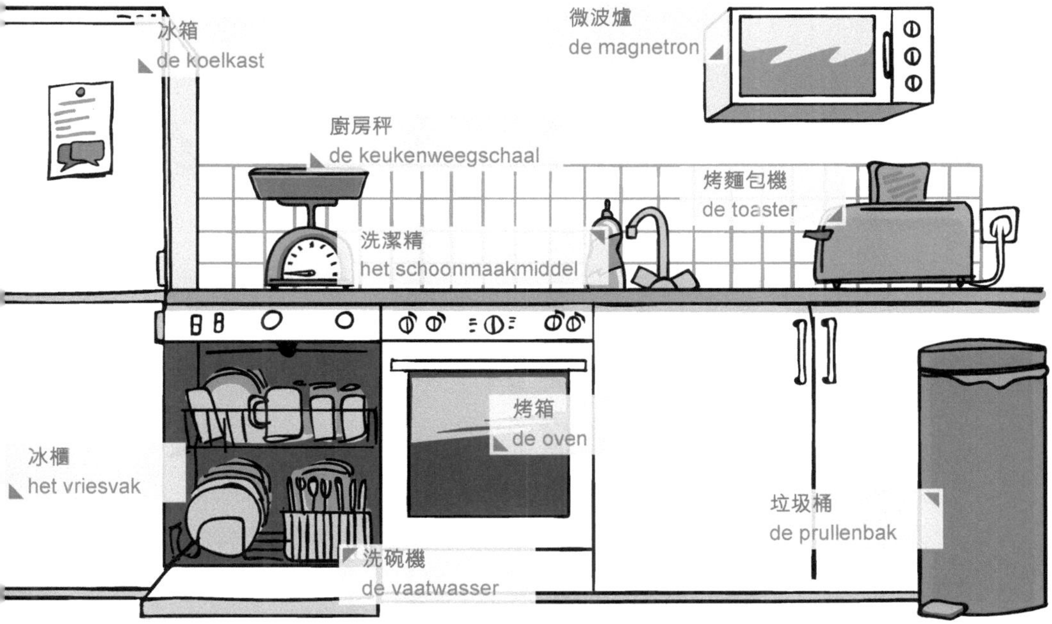

冰箱
de koelkast
微波爐
de magnetron
廚房秤
de keukenweegschaal
烤麵包機
de toaster
洗潔精
het schoonmaakmiddel
烤箱
de oven
冰櫃
het vriesvak
垃圾桶
de prullenbak
洗碗機
de vaatwasser

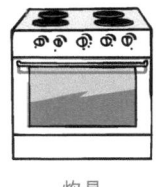

炊具

het fornuis

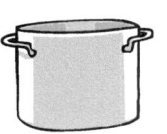

鍋

de pan

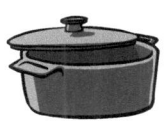

鑄鐵鍋

de gietijzeren pan

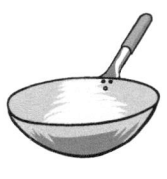

炒鍋

de wok / kadai

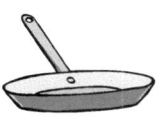

平底鍋

de koekenpan

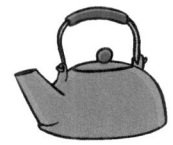

水壺

de ketel

蒸鍋

de stoomkoker

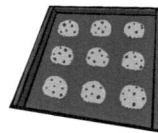

烤盤

de bakplaat

陶瓷鍋

het servies

馬克杯

de beker

碗

de kom

筷子

de eetstokjes

長柄勺

de soeplepel

鏟子

de spatel

攪拌器

de garde

濾網

het vergiet

篩子

de zeef

磨碎機

de rasp

研缽

de vijzel

燒烤

de barbecue

明火

de vuurhaard

菜板

de snijplank

擀麵杖

de deegroller

開瓶器

de kurkentrekker

罐子

het blik

開罐器

de blikopener

隔熱手套

de pannenlap

水槽

de wasbak

刷子

de borstel

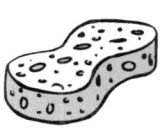

海綿

de spons

攪拌機

de blender

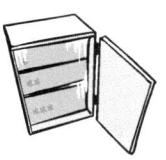

冷藏箱

de vriezer

奶瓶

het babyflesje

水龍頭

de kraan

浴室
de badkamer

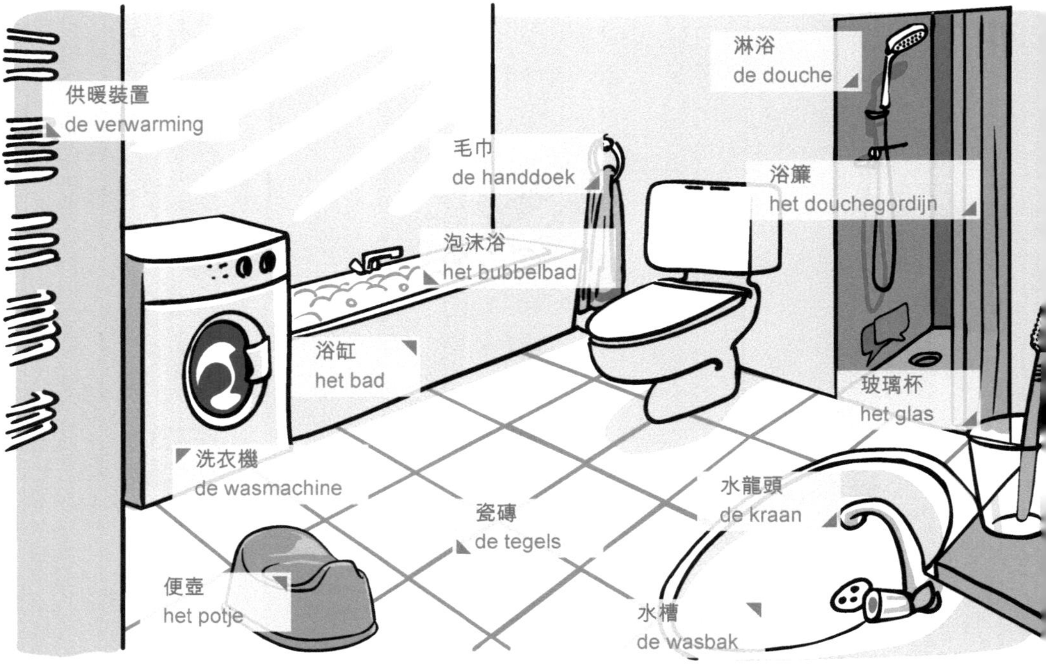
淋浴
de douche
供暖裝置
de verwarming
毛巾
de handdoek
浴簾
het douchegordijn
泡沫浴
het bubbelbad
浴缸
het bad
玻璃杯
het glas
洗衣機
de wasmachine
水龍頭
de kraan
瓷磚
de tegels
便壺
het potje
水槽
de wasbak

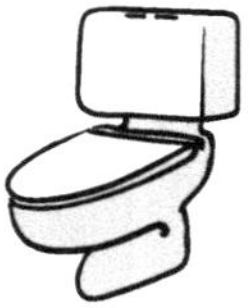

廁所
het toilet

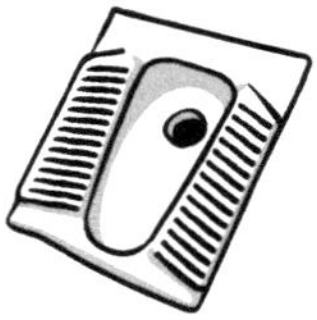

蹲便器
het hurktoilet

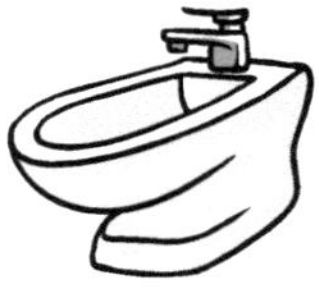

坐浴器
de/het bidet

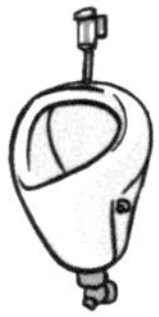

小便斗
het urinoir

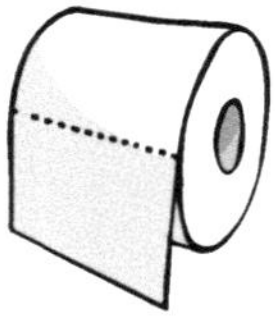

廁紙
het toiletpapier

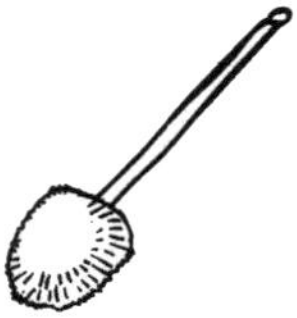

馬桶刷
de toiletborstel

牙刷
de tandenborstel

牙膏
de tandpasta

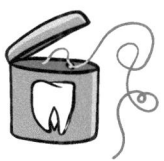

牙線
het flosdraad

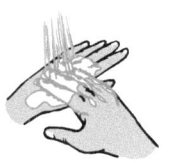

洗
wassen

手持式蓮蓬頭
de handdouche

沖洗器
de toiletdouche

洗臉盆
de waskom

洗背刷
de rugborstel

肥皂
de zeep

沐浴露
de douchegel

洗髮乳
de shampoo

法蘭絨
het washandje

排水
de afvoer

乳霜
de creme

除臭劑
de deodorant

浴室 - de badkamer

鏡子

de spiegel

手鏡

de make-upspiegel

刮鬍刀

het scheermes

刮鬍泡沫

het scheerschuim

鬍後水

de aftershave

梳子

de kam

刷子

de borstel

吹風機

de haardroger

噴髮定型劑

de haarspray

化妝品

de make-up

唇膏

de lippenstift

指甲油

de nagellak

化妝棉

de watten

指甲剪

het nagelschaartje

香水

de/het parfum

洗漱包
de toilettas

凳子
de kruk

計重秤
de weegschaal

浴袍
de badjas

橡膠手套
de rubber handschoenen

衛生棉條
de tampon

衛生棉
het maandverband

化學廁所
het chemisch toilet

兒童房
de kinderkamer

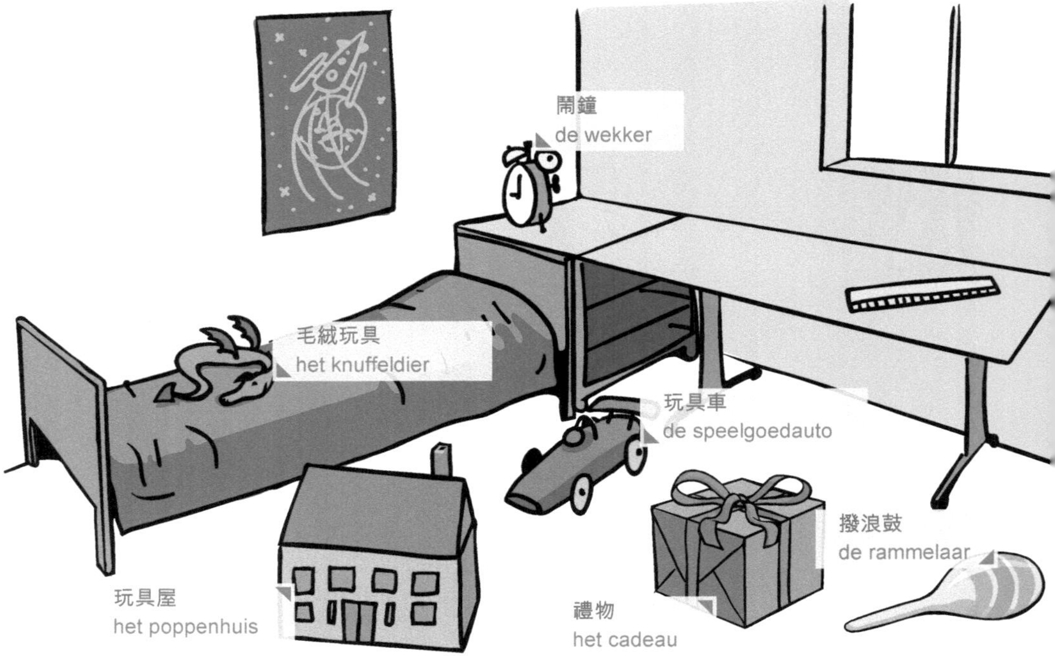
鬧鐘
de wekker
毛絨玩具
het knuffeldier
玩具車
de speelgoedauto
撥浪鼓
de rammelaar
玩具屋
het poppenhuis
禮物
het cadeau

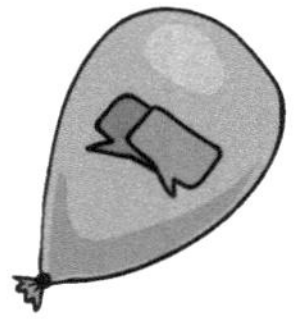

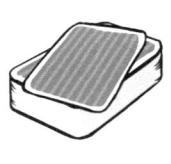

氣球
de ballon

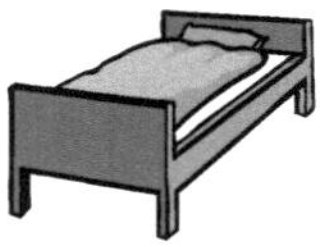

床
het bed

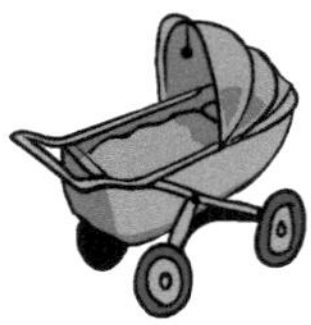

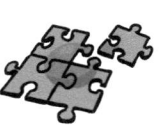

嬰兒車
de kinderwagen

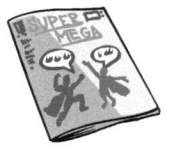

撲克牌
het kaartspel

拼圖
de puzzel

SUPER MEGA

漫畫
het stripverhaal

樂高積木

ce legostenen

積木玩具

de speelgoedblokken

公仔

het actiefiguurtje

嬰兒服

de romper

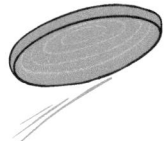

飛盤

de frisbee

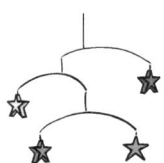

床鈴玩具

de/het mobile

棋盤遊戲

het bordspel

骰子

de dobbelsteen

火車模型

de modeltrein

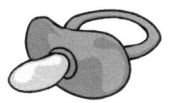

安撫奶嘴

de speen

派對

het feestje

繪本

het prentenboek

球

de bal

洋娃娃

de pop

玩

spelen

沙坑

de zandbak

鞦韆

de schommel

玩具

het speelgoed

電玩遊戲

de spelcomputer

三輪車

de driewieler

泰迪熊

de teddybeer

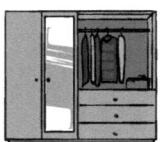

衣櫃

de kleerkast

衣服

de kleding

襪子

de sokken

長襪

de kousen

緊身褲

de panty

圍巾
de sjaal

雨傘
de paraplu

T恤
het T-shirt

皮帶
de riem

運動鞋
de sportschoenen

靴子
de laarzen

拖鞋
de pantoffels

涼鞋
de sandalen

鞋
de schoenen

雨靴
de rubberlaarzen

內褲
de onderbroek

胸罩
de beha

背心
het onderhemd

衣服 - de kleding

45

身體

de body

褲子

de broek

牛仔褲

de spijkerbroek

短裙

de rok

女式襯衫

de blouse

襯衫

het overhemd

套頭衫

de trui

連帽上衣

de hoody

西裝夾克

de blazer

夾克

de jas

外套

de mantel

雨衣

de regenjas

套裝

het kostuum

連衣裙

de jurk

婚紗

de trouwjurk

西裝
....
het pak

睡袍
....
het nachthemd

睡衣
....
de pyjama

莎麗
....
de sari

頭巾
....
de hoofddoek

包頭巾
....
de tulband

波卡
....
de boerka

卡夫坦
....
de kaftan

(阿拉伯式)長袍
....
de abaja

泳衣
....
het zwempak

男式泳褲
....
de zwembroek

短褲
....
de korte broek

運動服
....
het trainingspak

圍裙
....
de/het schort

手套
....
de handschoenen

鈕扣

de knoop

眼鏡

de bril

手鏈

de armband

項鍊

de ketting

戒指

de ring

耳環

de oorbel

便帽

de pet

衣架

de kledinghanger

帽子

de hoed

領帶

de stropdas

拉鍊

de rits

安全帽

de helm

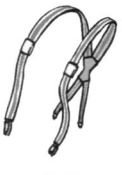

背帶

de bretels

校服

het schooluniform

制服

het uniform

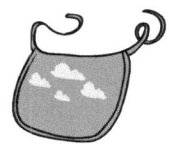

圍兜

het slabbetje

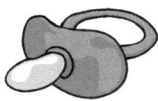

安撫奶嘴

de speen

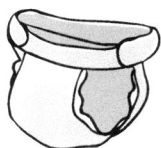

尿布

de luier

辦公室
het kantoor

伺服器
de server
檔案櫃
de archiefkast
印表機
de printer
et papier
螢幕
het beeldscherm
辦公桌
het bureau
滑鼠
de muis
資料夾
de map
鍵盤
het toetsenbord
廢紙簍
de prullenmand
電腦
de computer
椅子
de stoel

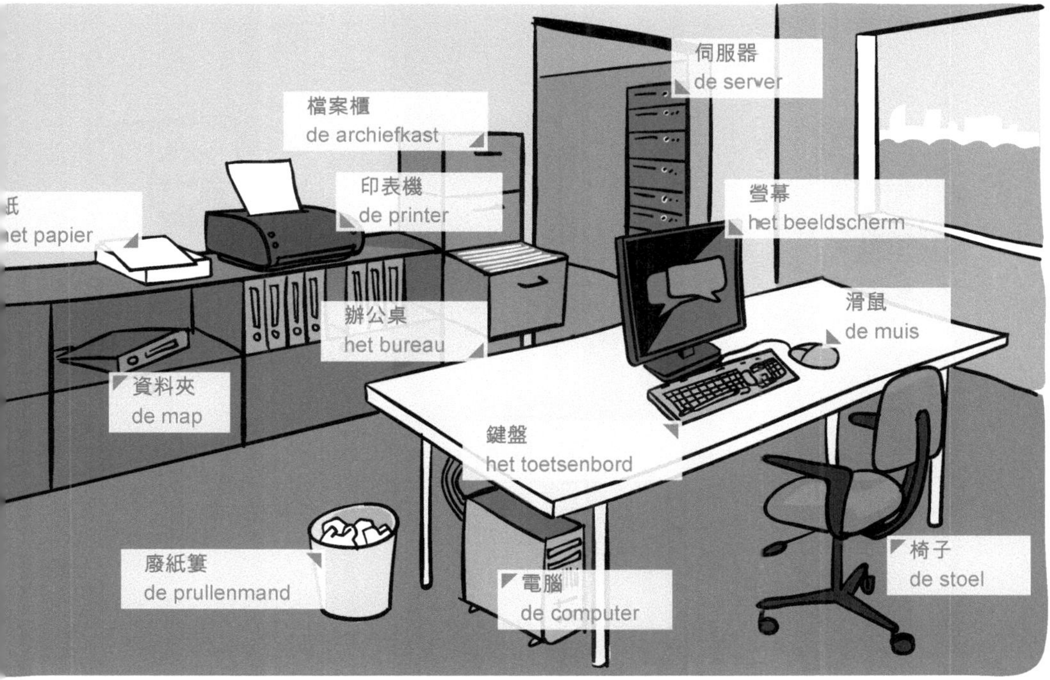

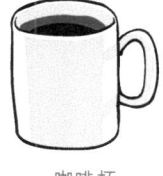

咖啡杯

de koffiemok

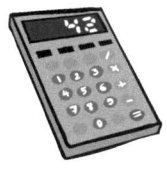

計算機

de rekenmachine

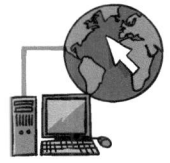

網際網路

het internet

筆記型電腦

de laptop

信件

de brief

簡訊

het bericht

行動電話

de mobiele telefoon

網路

het netwerk

影印機

de kopieermachine

軟體

de software

電話

de telefoon

插座

het stopcontact

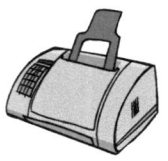

傳真機

de fax

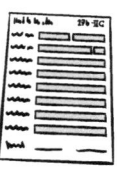

表格

het formulier

檔案

het document

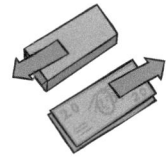

買

kopen

付錢

betalen

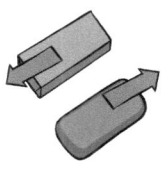

交易

handel drijven

現金

het geld

美元

de dollar

歐元

de euro

日元

de yen

盧布

de roebel

瑞士法郎

de Zwitserse frank

人民幣

de renminbi yuan

盧比

de roepie

提款處

de geldautomaat

外幣兌換處

het wisselkantoor

金

het goud

銀

het zilver

石油

de olie

能源

de energie

價格

de prijs

合約

het contract

稅金

de belasting

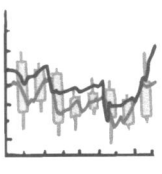

股票

het aandeel

工作

werken

職員

de werknemer

老闆

de werkgever

工廠

de fabriek

商店

de winkel

職業

de beroepen

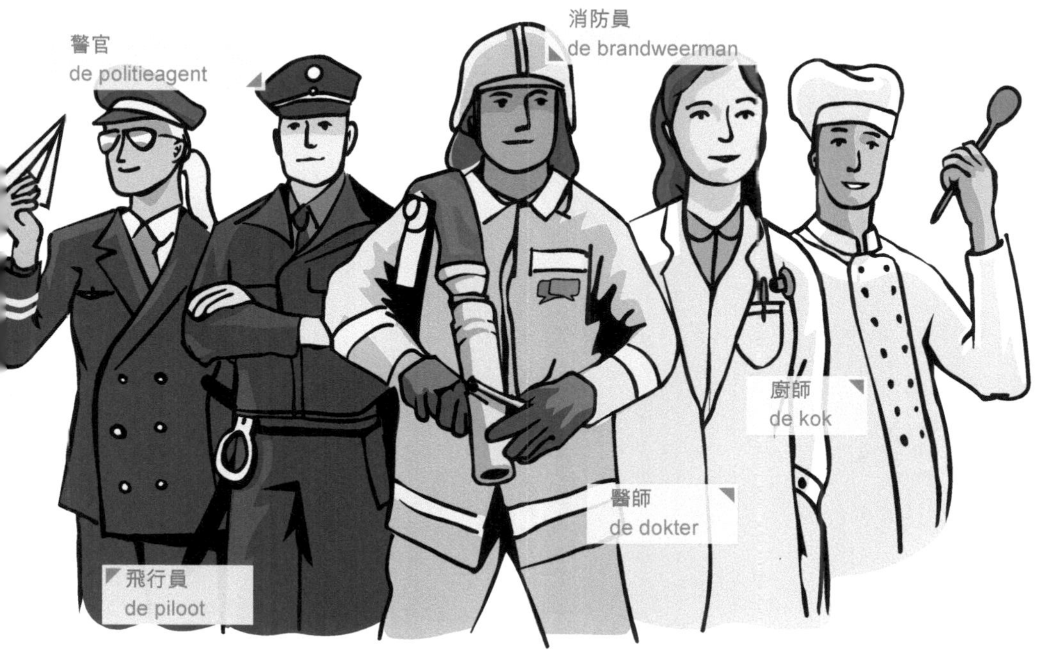

警官
de politieagent
消防員
de brandweerman
廚師
de kok
醫師
de dokter
飛行員
de piloot

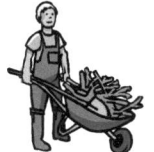

園丁

de tuinman

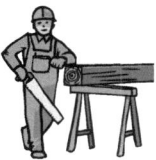

木匠

de timmerman

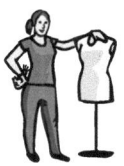

裁縫

de naaister

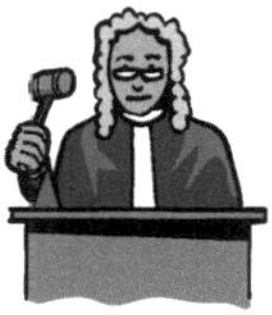

法官

de rechter

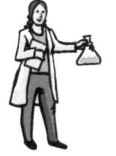

化學家

de scheikundige

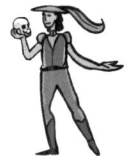

演員

de toneelspeler

公車司機

de buschauffeur

計程車司機

de taxichauffeur

漁夫

de visser

清洗女工

de schoonmaakster

屋頂工

de dakdekker

服務生

de ober

獵人

de jager

畫家

de schilder

麵包師

de bakker

電工

de elektricien

建築工人

de bouwvakker

工程師

de ingenieur

屠夫

de slager

水管工

de loodgieter

郵差

de postbode

士兵

de soldaat

建築師

de architect

收銀員

de kassier

花農

de bloemist

理髮師

de kapper

售票員

de conducteur

機械技師

de monteur

船長

de kapitein

牙醫

de tandarts

科學家

de wetenschapper

拉比

de rabbi

伊瑪目

de imam

和尚

de monnik

牧師

de pastoor

職業 - de beroepen

工具
het gereedschap

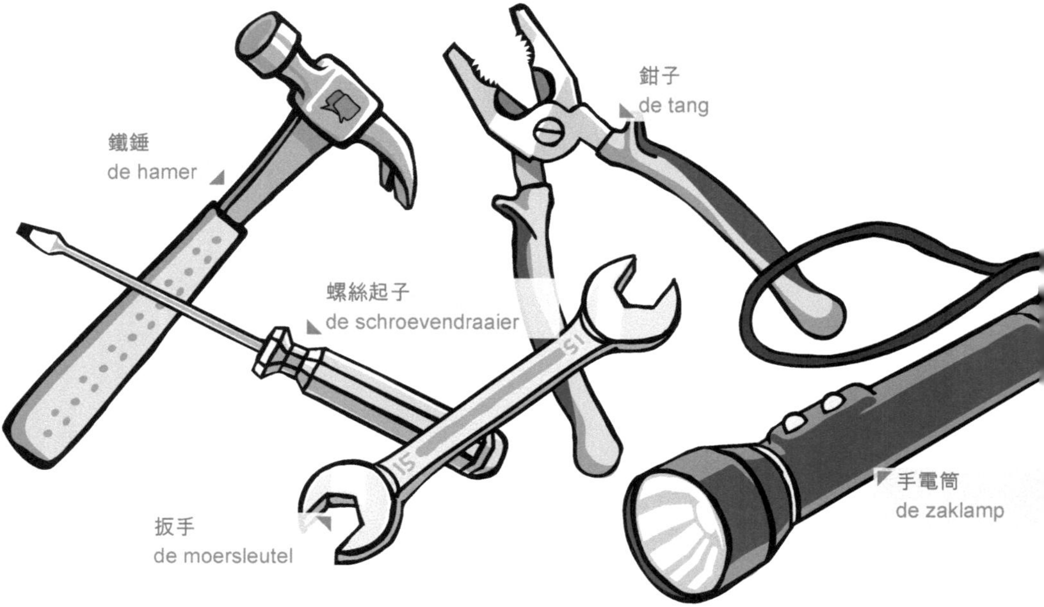

鐵鎚
de hamer
鉗子
de tang
螺絲起子
de schroevendraaier
扳手
de moersleutel
手電筒
de zaklamp

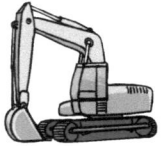

挖掘機

de graafmachine

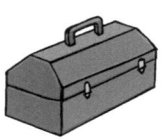

工具箱

de gereedschapskist

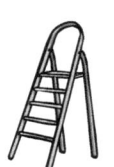

梯子

de ladder

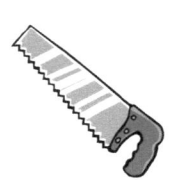

鋸子

de zaag

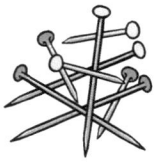

釘子

de spijkers

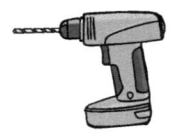

鑽機

de boor

修
repareren

鏟子
de schep

糟糕！
Verdorie!

畚箕
het stofblik

油漆桶
de verfpot

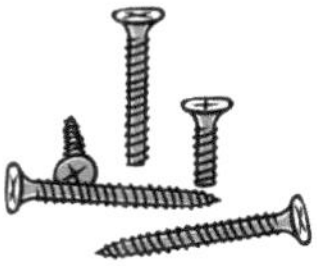

螺絲
de schroeven

樂器
de muziekinstrumenten

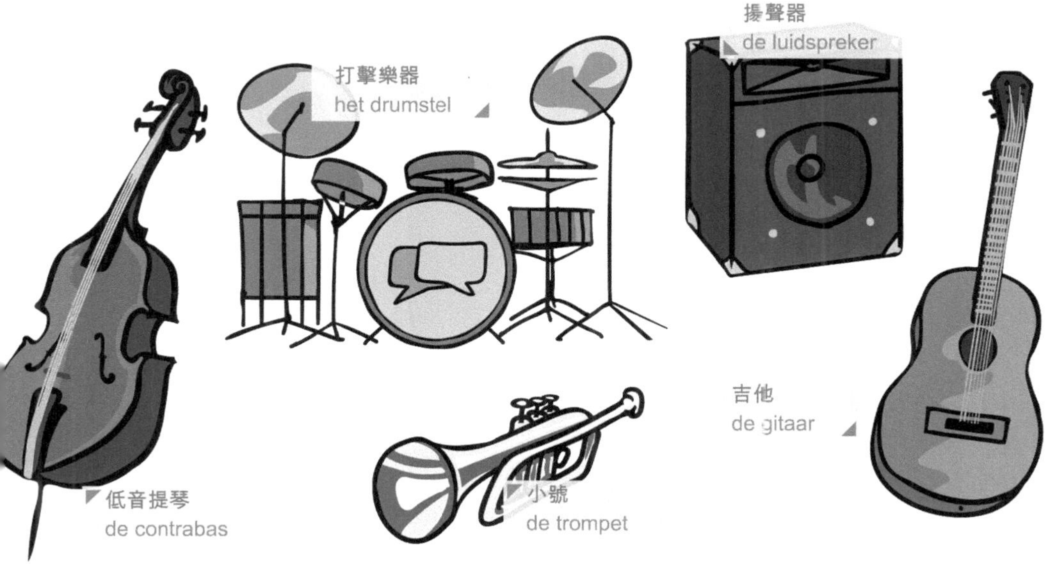

揚聲器
de luidspreker

打擊樂器
het drumstel

吉他
de gitaar

低音提琴
de contrabas

小號
de trompet

鋼琴

de piano

小提琴

de viool

貝斯

de bas

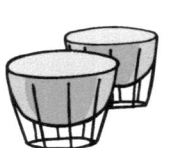

定音鼓

de pauk

鼓

de trommel

電子琴

het keyboard

薩克斯風

de saxofoon

長笛

de fluit

麥克風

de microfoon

動物園

de dierentuin

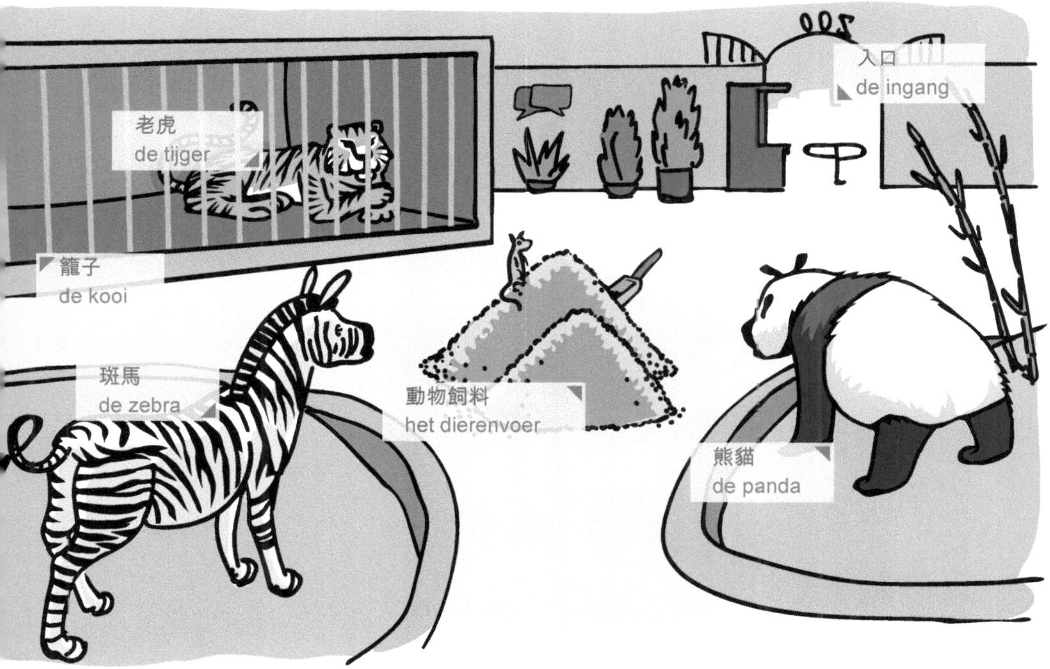
入口
de ingang
老虎
de tijger
籠子
de kooi
斑馬
de zebra
動物飼料
het dierenvoer
熊貓
de panda

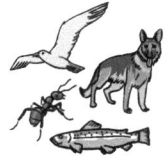

動物

de dieren

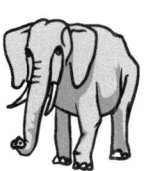

大象

de olifant

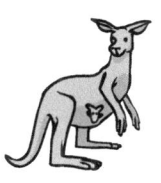

袋鼠

de kangoeroe

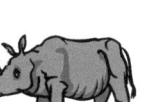

犀牛

de neushoorn

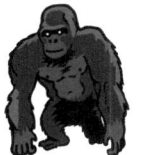

大猩猩

de gorilla

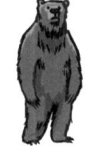

熊

de beer

駱駝

de kameel

鴕鳥

de struisvogel

獅子

de leeuw

猴子

de aap

紅鶴

de flamingo

鸚鵡

de papegaai

北極熊

de ijsbeer

企鵝

de pinguïn

鯊魚

de haai

孔雀

de pauw

蛇

de slang

鱷魚

de krokodil

動物園管理員

de dierenverzorger

海豹

de zeehond

美洲豹

de jaguar

動物園 - de dierentuin

矮種馬

de pony

豹

de/het luipaard

河馬

het nijlpaard

長頸鹿

de giraffe

老鷹

de adelaar

野豬

het wild zwijn

魚

de vis

龜

de schildpad

海象

de walrus

狐狸

de vos

羚羊

de gazelle

動物園 - de dierentuin

橄欖球
American football

騎腳踏車
wielrennen

網球
tennis

籃球
basketbal

游泳
zwemmen

拳擊
boksen

冰球
ijshockey

美式足球
voetbal

羽毛球
badminton

田徑
atletiek

手球
handbal

滑雪
skiën

馬球
polo

跳
springen

擁抱
knuffelen

笑
lachen

唱
zingen

走路
lopen

做夢
dromen

祈禱
bidden

親吻
kussen

書寫
schrijven

畫
tekenen

展示
tonen

推
duwen

給
geven

拿
oppakken

有
hebben

做
doen

當
zijn

站
staan

跑
rennen

拉
trekken

丟
gooien

摔倒
vallen

躺
liggen

等待
wachten

攜帶
dragen

坐
zitten

穿衣
aankleden

睡覺
slapen

醒來
wakker worden

看
bekijken

哭
huilen

擊
strelen

梳頭
kammen

交談
praten

明白
begrijpen

問
vragen

聽
horen

喝
drinken

吃
eten

清理
opruimen

愛
houden van

做飯
koken

開車
rijden

飛
vliegen

活動 - de activiteiten

航行

zeilen

計算

rekenen

讀

lezen

學習

leren

工作

werken

結婚

trouwen

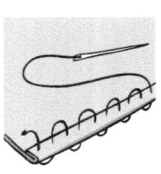

縫

naaien

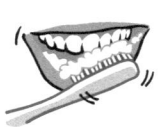

刷牙

tandenpoetsen

殺

doden

抽菸

roken

寄

verzenden

母
grootmoeder

兒
de baby

祖父
de grootvader

父親
de vader

母親
de moeder

女兒
de dochter

兒子
de zoon

客人

de gast

阿姨

de tante

叔叔

de oom

兄弟

de broer

姐妹

de zus

身體

het lichaam

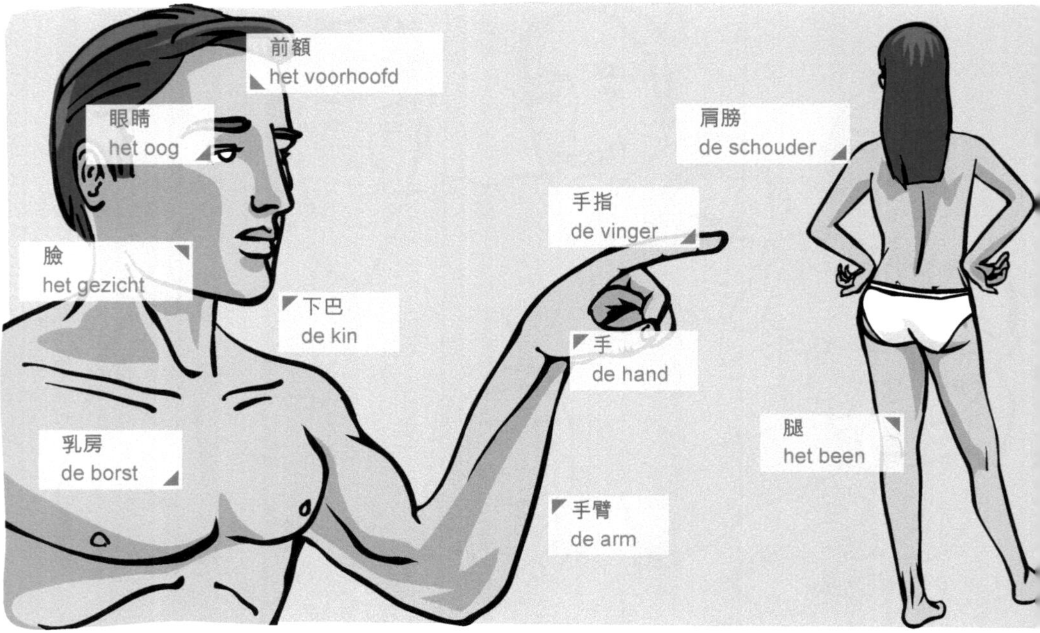

前額
het voorhoofd
眼睛
het oog
肩膀
de schouder
手指
de vinger
臉
het gezicht
下巴
de kin
手
de hand
腿
het been
乳房
de borst
手臂
de arm

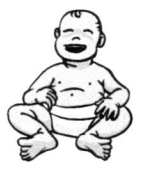

嬰兒

de baby

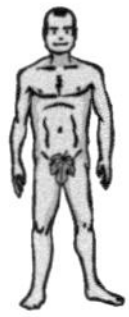

男人

de man

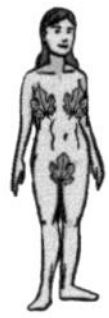

女人

de vrouw

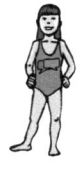

女孩

het meisje

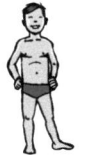

男孩

de jongen

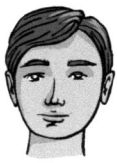

頭

het hoofd

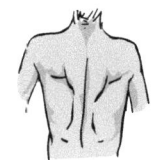

背部
de rug

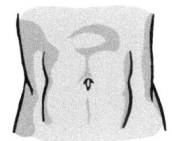

肚子
de buik

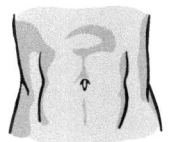

肚臍
de navel

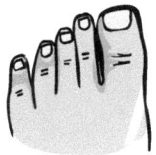

腳趾
de teen

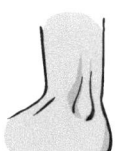

腳後跟
de hiel

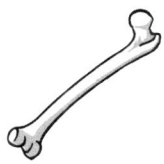

骨頭
het bot

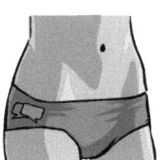

臀部
de heup

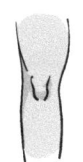

膝蓋
de knie

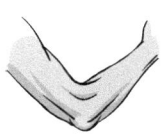

手肘
de elleboog

鼻子
de neus

屁股
het achterwerk

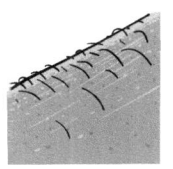

皮膚
de huid

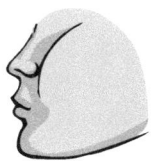

臉頰
de wang

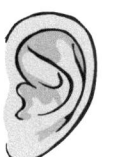

耳朵
het oor

嘴唇
de lippen

嘴
de mond

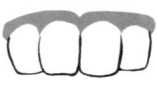

牙齒
de tand

舌頭
de tong

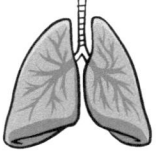

腦
de hersenen

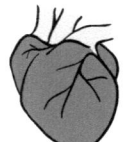

心臟
het hart

肌肉
de spier

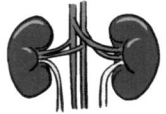

肺
de long

肝臟
de lever

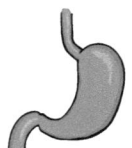

胃
de maag

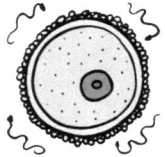

腎臟
de nieren

性交
de geslachtsgemeenschap

保險套
het condoom

卵子
de eicel

精子
het sperma

懷孕
de zwangerschap

身體 - het lichaam

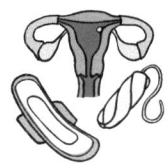

月事

de menstruatie

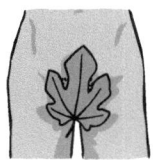

陰道

de vagina

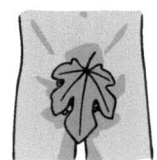

陰莖

de penis

眉毛

de wenkbrauw

頭髮

het haar

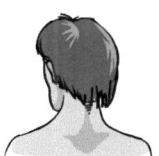

脖子

de hals

醫院

het ziekenhuis

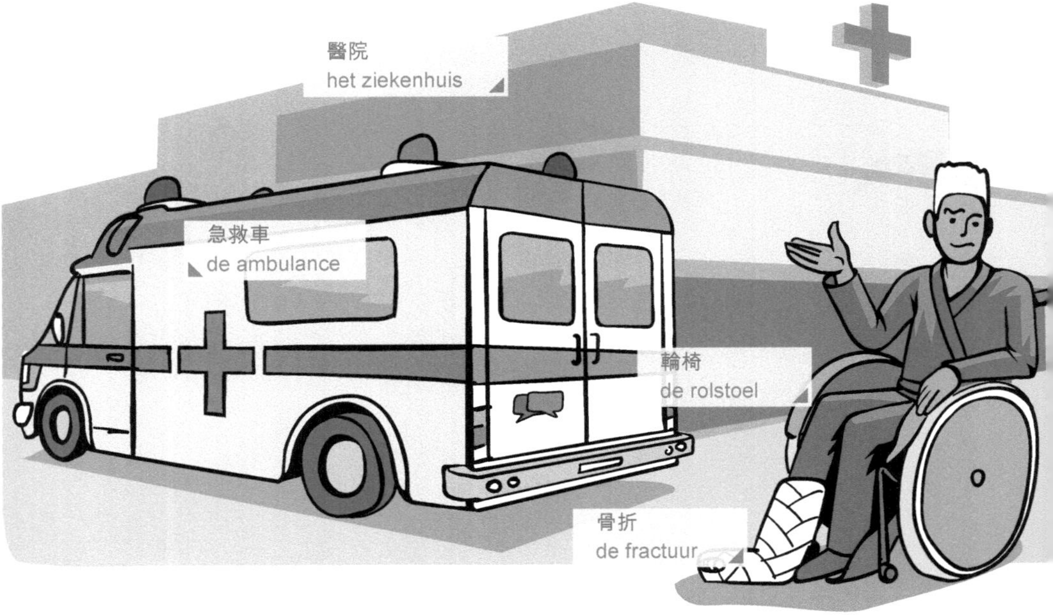

醫院
het ziekenhuis
急救車
de ambulance
輪椅
de rolstoel
骨折
de fractuur

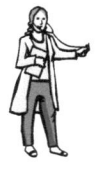

醫師

de dokter

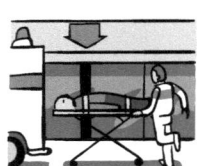

急診室

de EHBO

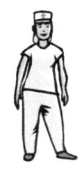

護理師

de verpleegster

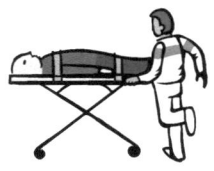

緊急情形

het noodgeval

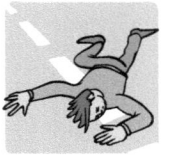

昏迷

bewusteloos

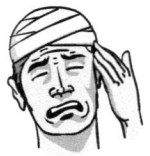

痛

de pijn

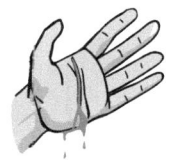

受傷

de verwonding

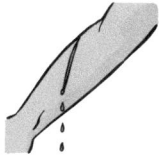

出血

de bloeding

心臟病發作

de hartaanval

中風

de beroerte

過敏

de allergie

咳嗽

de hoest

發燒

de koorts

流感

de griep

腹瀉

de diarree

頭痛

de hoofdpijn

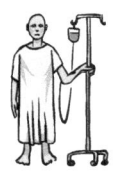

癌症

de kanker

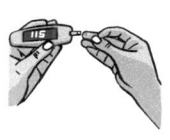

糖尿病

de diabetes

外科醫師

de chirurg

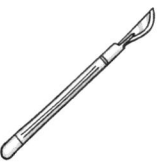

手術刀

het scalpel

手術

de operatie

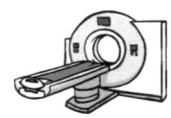

電腦斷層掃描

de CT

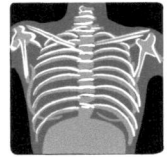

X光

de röntgen

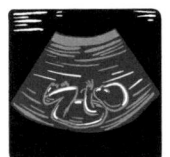

超音波

de echografie

口罩

het gezichtsmasker

疾病

de ziekte

候診室

de wachtkamer

拐杖

de kruk

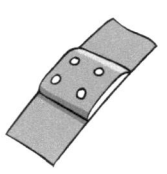

石膏

de pleister

繃帶

het verband

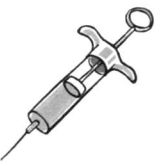

注射

de injectie

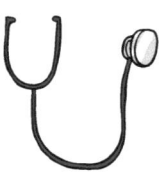

聽診器

de stethoscoop

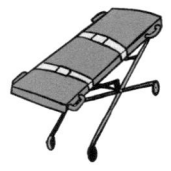

擔架

de brancard

體溫計

de thermometer

出生

de geboorte

超重

het overgewicht

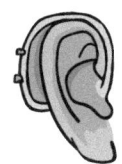

助聽器

het gehoorapparaat

消毒液

het ontsmettingsmiddel

感染

de infectie

病毒

het virus

愛滋病

(de) HIV / AIDS

藥物

het medicijn

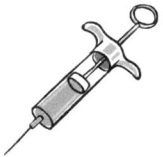

接種疫苗

de inenting

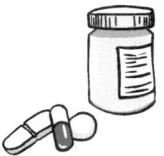

藥片

de tabletten

藥丸

de pil

急救電話

het alarmnummer

血壓計

de bloeddrukmeter

生病/健康

ziek / gezond

医院 - het ziekenhuis

醫院 - het ziekenhuis

救命！
Help!

警報
het alarm

突擊
de overval

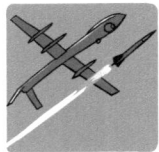

攻擊
de aanval

危險
het gevaar

緊急出口
de nooduitgang

失火了！
Brand!

滅火器
de brandblusser

意外
het ongeluk

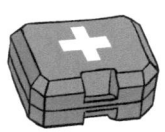

急救箱
de EHBO-koffer

呼救訊號
SOS

員警
de politie

歐洲

Europa

北美洲

Noord-Amerika

南美洲

Zuid-Amerika

非洲

Afrika

亞洲

Azië

澳洲

Australië

大西洋

de Atlantische Oceaan

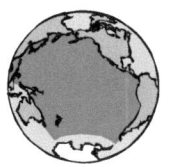

太平洋

de Stille Oceaan

印度洋

de Indische Oceaan

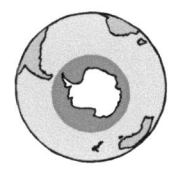

南冰洋

de Zuidelijke Oceaan

北冰洋

de Noordelijke IJszee

北極

de Noordpool

南極
de Zuidpool

南極洲
Antarctica

地球
de aarde

陸地
het land

海
de zee

島
het eiland

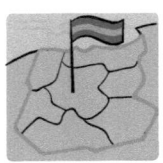

國家
de natie

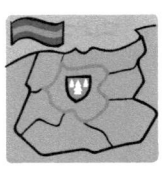

州
de staat

錶盤

de wijzerplaat

時針

de uurwijzer

分針

de minutenwijzer

秒針

de secondewijzer

現在幾點？

Hoe laat is het?

天

de dag

時間

de tijd

現在

nu

電子錶

het digitaal horloge

分

de minuut

時

het uur

週

de week

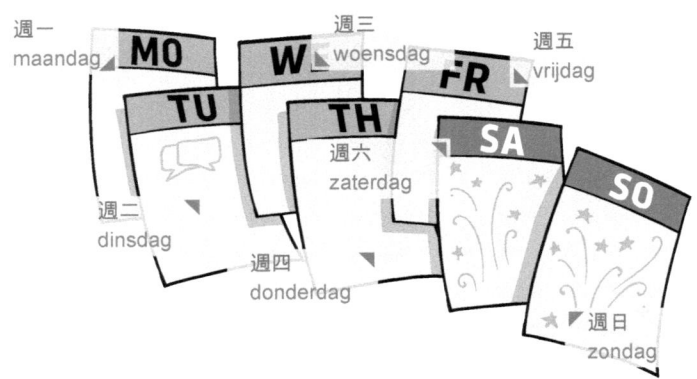

週一 maandag
週二 dinsdag
週三 woensdag
週四 donderdag
週五 vrijdag
週六 zaterdag
週日 zondag

昨天
gisteren

今天
vandaag

明天
morgen

早晨
de ochtend

中午
de middag

晚上
de avond

工作日
de werkdagen

週末
het weekend

het jaar

雨
de regen

彩虹
de regenboog

雪
de sneeuw

風
de wind

春
het voorjaar

秋
de herfst

夏
de zomer

冬
de winter

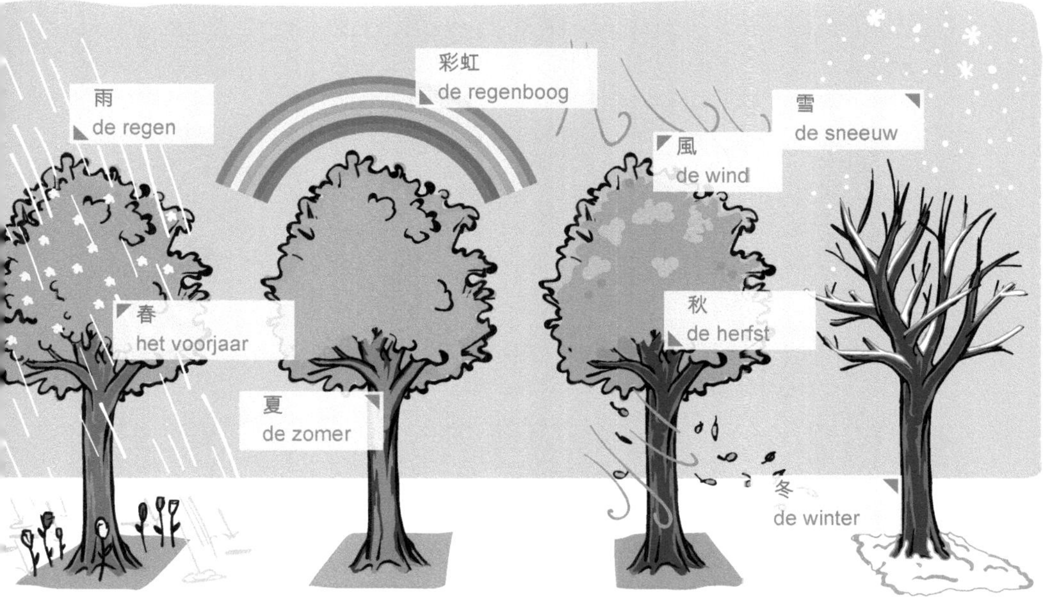

天氣預告

het weerbericht

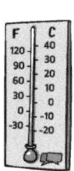

溫度計

de thermometer

陽光

de zonneschijn

雲

de wolk

霧

de mist

潮濕

de luchtvochtigheid

閃電

de bliksem

打雷

de donder

風暴

de storm

冰雹

de hagel

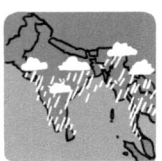

季風

de moesson

洪水

de overstroming

冰

het ijs

一月

januari

二月

februari

三月

maart

四月

april

五月

mei

六月

juni

七月

juli

八月

augustus

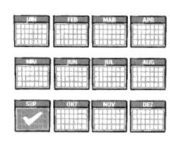

九月

september

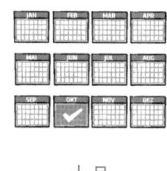

十月

oktober

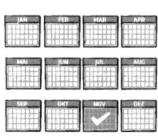

十一月

november

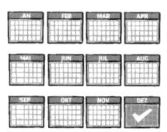

十二月

december

形狀

de vormen

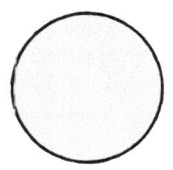

圓形

de cirkel

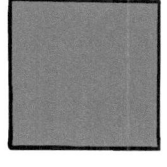

正方形

het vierkant

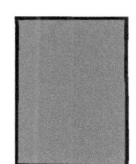

長方形

de rechthoek

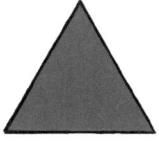

三角形

de driehoek

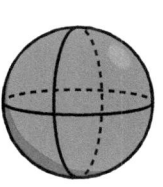

球體

de bol

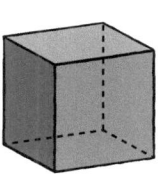

立方體

de kubus

顏色

de kleuren

白
....
wit

黃
....
geel

橙
....
oranje

粉
....
roze

紅
....
rood

紫
....
paars

藍
....
blauw

綠
....
groen

棕
....
bruin

灰
....
grijs

黑
....
zwart

很多/少許

veel / weinig

生氣/平靜

boos / rustig

美/醜

mooi / lelijk

首/尾

begin / einde

大/小

groot / klein

明/暗

licht / donker

兄弟/姐妹

broer / zus

乾淨/骯髒

schoon / vies

完整/缺失

volledig / onvolledig

白天/晚上

dag/ nacht

死/生

dood / levend

寬/窄

breed / smal

可食用/非食用

eetbaar / oneetbaar

邪惡/善良

gemeen / aardig

興奮/無聊

opgewonden / verveeld

胖/瘦

dik / dun

第一/最後

eerste / laatste

朋友/敵人

vriend / vijand

滿/空

vol / leeg

硬/軟

hard / zacht

重/輕

zwaar / licht

餓/渴

honger / dorst

生病/健康

ziek / gezond

非法/合法

illegaal / legaal

聰明/愚笨

intelligent / dom

左/右

links / rechts

近/遠

dichtbij / ver

新/舊

nieuw / gebruikt

沒有/有些

niets / iets

老/幼

oud / jong

開/關

aan / uit

打開/闔上

open / gesloten

安靜/吵鬧

zacht / luid

富/窮

rijk / arm

對/錯

goed / fout

粗糙/光滑

ruw / glad

傷心/高興

verdrietig / gelukkig

短/長

kort / lang

慢/快

langzaam / snel

濕/乾

nat / droog

溫暖/涼爽

warm / koel

戰爭/和平

oorlog / vrede

0

零
....
nul

1

一
....
één

2

二
....
twee

3

三
....
drie

4

四
....
vier

5

五
....
vijf

6

六
....
zes

7

七
....
zeven

8

八
....
acht

9

九
....
negen

10

十
....
tien

11

十一
....
elf

12

十二

twaalf

13

十三

dertien

14

十四

veertien

15

十五

vijftien

16

十六

zestien

17

十七

zeventien

18

十八

achttien

19

十九

negentien

20

二十

twintig

100

百

honderd

1.000

千

duizend

1.000.000

百萬

miljoen

英語

Engels

美式英語

Amerikaans Engels

普通話

Chinees Mandarijn

印地語

Hindi

西班牙語

Spaans

法語

Frans

阿拉伯語

Arabisch

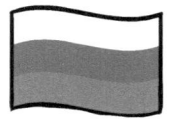

俄語

Russisch

葡萄牙語

Portugees

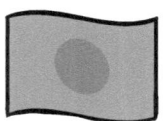

孟加拉語

Bengalees

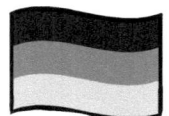

德語

Duits

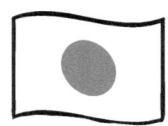

日語

Japans

我

ik

你

jij

他/她/它

hij / zij / het

我們

wij

你們

jullie

他們

zij

誰？

wie?

什麼？

wat?

如何？

hoe?

何處？

waar?

何時？

wanneer?

名字

de naam

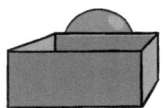

後面

achter

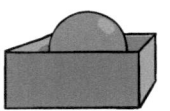

裡面

in

前面

voor

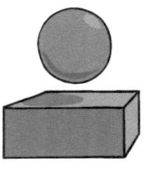

上方

boven

上面

op

下麵

onder

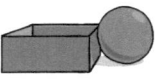

旁邊

naast

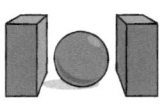

中間

tussen

地點

plaats